INTERVENTION DE L'ART

DANS

LA PHOTOGRAPHIE

PAR

BLANQUART-EVRARD,

Chevalier de la Légion-d'Honneur,
Membre résidant de la Société Impériale des Sciences
et des Arts de Lille.

EXTRAIT DES MÉMOIRES DE LA SOCIÉTÉ

SÉANCES DES 6 FÉVRIER ET 17 AVRIL 1863

LILLE,
IMPRIMERIE DE L. DANEL,
1863.

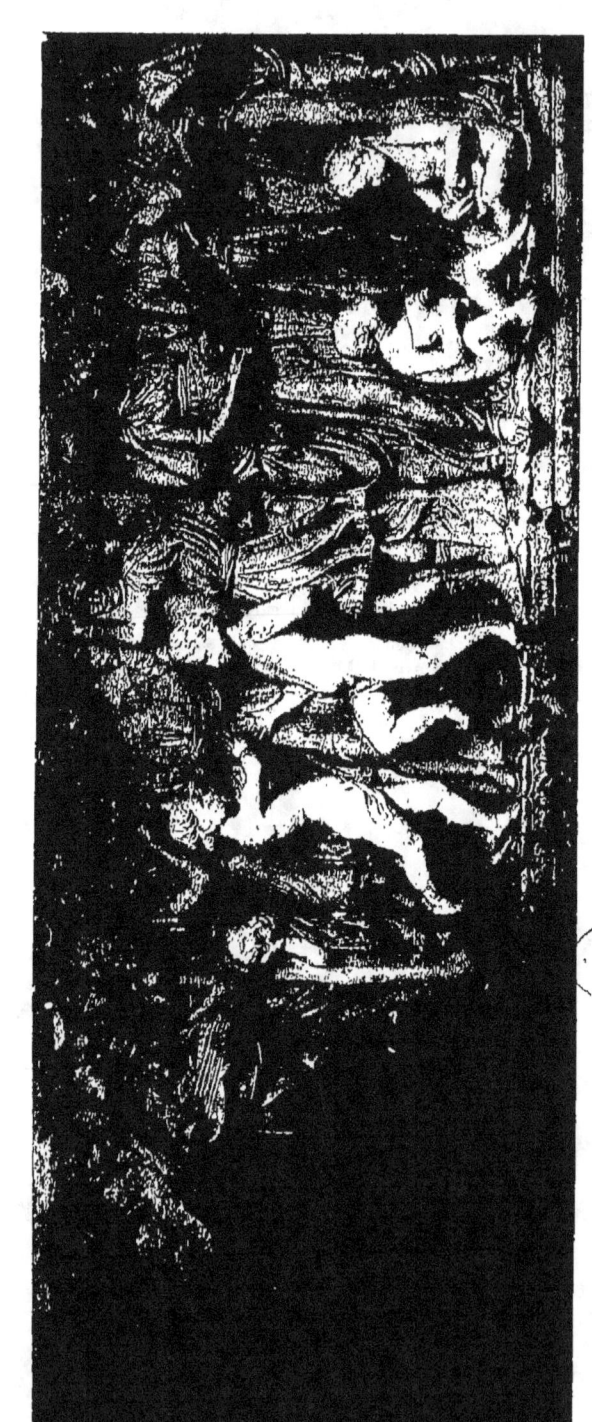

Le ton général et dominant de cette épreuve est donné par le cliché dans l'état où il se trouve au sortir de la chambre noire.

Les parties les plus claires sont obtenues par la continuation, à la lumière libre sans le secours de la chambre noire, de l'action lumineuse sur les parties correspondantes du cliché.

Les parties les plus noires résultent de l'amoindrissement de l'opacité du cliché au moyen des vapeurs d'iode.

INTERVENTION DE L'ART

DANS

LA PHOTOGRAPHIE

PAR

BLANQUART-EVRARD,

Chevalier de la Légion-d'Honneur,
Membre résidant de la Société Impériale des Sciences
et des Arts de Lille.

EXTRAIT DES MÉMOIRES DE LA SOCIÉTÉ.

SÉANCES DES 6 FÉVRIER ET 17 AVRIL 1863.

LILLE,
IMPRIMERIE DE L. DANEL,
1863.

INTERVENTION DE L'ART

DANS

LA PHOTOGRAPHIE.

Première partie.

I.

INTRODUCTION — THÉORIE.

On sait combien est faible la part laissée à l'art dans la formation d'un cliché photographique. Le choix du motif, de l'éclairage, de la pose lorsqu'il s'agit de la nature vivante, voilà, ou peu s'en faut, à quoi se réduit son action ; et cependant, toute petite qu'elle est, il est facile de la reconnaître dans les épreuves des opérateurs qui ont le sentiment artistique, tandis qu'on regrette souvent son absence dans celles des praticiens qui ne doivent tout leur succès qu'à la science et à leur habileté dans les manipulations.

Aussi, au milieu des magnifiques progrès que la science fait accomplir tous les jours à la photographie, quels regrets n'éprouve-t-on pas de voir l'art rester pour elle ce qu'il était à son début, impuissant à modifier par le goût et le sentiment l'image sortie de toutes pièces de la machine Daguerrienne. Que l'on se figure la transformation qu'éprouverait la photographie, s'il était donné à l'opérateur de ne considérer l'image tracée par la lumière dans la chambre noire que comme une belle et fidèle ébauche attendant l'inspiration artistique pour se compléter. Il en serait, comme de ces rares estampes qui, tout en reproduisant fidèlement l'œuvre du maître, portent l'empreinte du sentiment individuel du graveur et donnent une imitation supérieure à l'original. Le problème à résoudre serait donc de borner le travail merveilleux mais inintelligent de la chambre noire à la formation complète mais peu intense de l'image, en donnant au photographe les moyens de la continuer et d'en modifier à son gré l'aspect et les valeurs, de substituer, pour ainsi dire, son action à celle de la chambre noire, en se servant des mêmes moyens chimiques d'exécution.

Il ne s'agirait pas d'une action galvanique de la nature de celle que nous avons indiquée le premier en 1851[1], et qui consiste à précipiter au moyen d'un bain métallique sur l'image toute formée, mais reconnue trop faible, une nouvelle quantité de métal pour la renforcer. Ce procédé, journellement en usage, ne peut être pratiqué heureusement que sur toute la surface du cliché; son résultat ne résoudrait pas notre problème puisqu'il ne modifie pas les effets de l'image, il ne fait qu'en changer la gamme. Il ne saurait non plus être question de ces retouches qu'une main adroite est quelquefois obligée d'ajouter au cliché. Quel pinceau serait assez habile pour associer son travail à celui qu'accomplit le rayon lumineux? et cependant le résultat qu'il faudrait obtenir serait de pouvoir renforcer telle ou telle partie de l'image à son choix.

Le travail artistique dont nous parlons ici ne peut être produit ni par le crayon ni par la palette, il doit rester purement chimique pour ne pas altérer la pureté de la ligne et laisser à l'image toute son homogénéité, sa finesse et sa délicatesse d'exé-

---

[1] Traité de Photographie sur papier, Paris, Roret, 1851.

cution. Il faudrait trouver un agent assez subtil pour pouvoir rivaliser avec la lumière, ou mieux encore avoir recours à la lumière elle-même. Le problème à résoudre pourrait donc se formuler ainsi :

Amener la lumière à continuer et à modifier dans son effet, au gré de l'opérateur, l'image formée dans la chambre noire.

II.

Lorsqu'une couche de collodion ioduré est baignée dans une dissolution d'azotate d'argent, il y a changement de base et formation d'iodure d'argent avec excès d'argent. C'est ce que, dans la pratique, on nomme la couche sensible.

Si on expose la couche sensible à la chambre noire, tous les points plus ou moins lumineux qui viennent la frapper l'actionnent en raison de leur intensité, et il y a formation d'une image complète mais invisible au sortir d'une exposition ordinaire. On pourrait penser que cette image devrait être au moins visible par transparence, il n'en est rien, au moins à l'œil nu. Il faut pour que cette image latente soit révélée, qu'elle soit soumise à l'action d'un des trois réactifs en usage, l'acide gallique, l'acide pyrogallique ou le sulfate de fer. Elle se manifeste alors sous forme de précipité métallique faible aux endroits que la lumière a peu frappés, abondant où elle a été intense. C'est de cette variété de transparence ou d'opacité dans les parties de l'image que résulte cette belle dégradation de lumière et d'ombre qui fait le charme des épreuves bien réussies.

L'abondance du précipité produit par l'action du sel réducteur sur les parties d'argent impressionnées par la lumière est donc proportionnelle à l'intensité de cette impression. Si l'image manque d'opacité parce que le précipité est trop faible, c'est que l'action lumineuse a été insuffisante. Il faudrait donc alors soumettre le cliché à une nouvelle exposition à la chambre noire. Mais ce résultat bon en théorie n'a aucune valeur pratique, on ne pourrait que, par une exception très-rare, recommencer la pose d'un modèle dans des conditions identiques, et d'ailleurs, la chose fut-elle facile, nous n'aurions là qu'un nouveau mode de remontage, ce qui ne fait pas l'objet de notre recherche.

Il en serait tout autrement si l'on parvenait à isoler l'image de son subjectif, ou, en d'autres termes, si l'on pouvait conserver aux éléments dont elle se compose, leurs propriétés photogéniques et rendre insensible à une nouvelle exposition le métal qui, n'ayant pas été impressionné d'abord, reste inutile à la formation de l'image.

Pour arriver à la solution de cet intéressant problème, étudions d'abord les conditions de la formation de l'image sur un cliché de collodion.

Contrairement à ce qui se passe pour un cliché de papier où l'image se trouve profondément impressionnée dans toute la texture du papier, l'image d'un cliché de collodion n'est formée que de réductions d'argent précipitées à l'état de poussière métallique sans cohésion sur la couche de collodion, d'où elle s'enlève au moindre contact sans laisser aucune trace d'image.

Évidemment les réductions ne proviennent que des sels d'argent en excès dans la formation de l'iodure d'argent.

En effet, si par des lavages à grande eau on enlève au collodion sensibilisé la plus grande partie de l'excès d'argent qui, dans la pratique ordinaire, se trouve à la surface de la couche que l'on expose à la chambre noire, le réducteur ne donnera, après l'exposition, qu'une image à peine visible. Si l'on verse alors sur le cliché une dissolution d'azotate d'argent, l'image s'empare de l'argent qui lui manquait et se manifeste alors fortement. Maintenant, si, au lieu de se borner à laver à grande eau la couche sensible, on la recouvre d'une dissolution de sel réducteur qui, se combinant avec l'argent en excès, l'entraîne avec lui dans les lavages, et qu'on expose ensuite à la chambre noire, on aura beau soumettre de nouveau après l'exposition à l'action du sel réducteur, il ne se révèlera aucune trace d'image, quoique le principe de cette image existe, puisqu'elle apparaît, comme dans le cas précédent, en présence d'une dissolution d'azotate d'argent.

Remarquons bien la différence des deux résultats. Dans le premier cas, lavage à grande eau : production d'une image légère; dans le second cas, lavage suivi d'une immersion dans une dissolution de sel réducteur, absence complète d'image.

Il est donc bien établi :

1° Qu'il n'y a pas d'image manifestée sans la présence d'un excès d'argent sur l'iodure d'argent;

2° Que si l'eau seule est insuffisante pour enlever tout cet excès d'argent, il n'en est pas de même du sel réducteur qui se combine avec lui et l'entraîne dans les lavages à l'eau qui doivent toujours suivre l'immersion du cliché dans les bains réducteurs.

Maintenant qu'il nous est démontré que le réducteur enlève à la couche d'iodure tous les sels d'argent en excès, et qu'alors cet iodure, bien qu'impressionnable à la lumière, ne manifeste d'altération sensible que s'il est mis, après l'exposition, en présence d'une nouvelle dissolution d'argent, nous tenons la solution de notre problème.

En effet, si, d'une part, comme nous l'avons dit plus haut, l'image ne se manifeste qu'imparfaitement sous l'action du sel révélateur lorsque l'impression par la lumière a été faible, et, qu'il suffise alors, pour renforcer cette image, de prolonger ou de renouveler l'exposition; si, d'autre part, l'image formée par l'argent impressionné par la lumière et précipité par le réducteur conserve ses propriétés photogéniques, tant qu'elles ne sont pas arrêtées et détruites par la désioduration du collodion au moyen de l'hyposulfite de soude ou du cyanure, il suffira à l'opérateur d'impressionner son cliché par la lumière, de manifester ensuite l'image par un sel réducteur et de laver à grande eau et à plusieurs reprises le cliché, qui, dans cet état, doit être conservé dans l'obscurité jusqu'au moment où l'on voudra modifier le dessin obtenu.

Si l'on désire en éclairer certaines parties pour leur donner plus d'importance ou d'éclat, comme il faut à ces endroits augmenter l'opacité du cliché, l'opérateur l'exposera au jour, en ayant soin de soustraire à l'action de la lumière par des écrans plus ou moins directement interposés, les parties du dessin qui doivent rester dans leur état primitif.

Il peut à son gré interrompre, reprendre ou déplacer ce travail de la lumière assez lent pour pouvoir être suivi de l'œil.

Lorsqu'il aura obtenu l'effet désiré, il suffira de l'arrêter définitivement en plongeant le cliché dans l'hyposulfite de soude ou de cyanure, pour lui enlever ses propriétés photogéniques.

III.

DES OMBRES.

Un dessin se composant de lumières et d'ombres, il ne suffit pas, pour obtenir le résultat artistique désiré, d'avoir à sa disposition un pinceau lumineux que l'on promène à discrétion sur son épreuve, il faut pouvoir atténuer les lumières trop vives et produire de l'ombre.

L'ombre complète étant la négation de l'image, détruire l'image ou l'amoindrir doit être le but qu'il faut atteindre. Seulement comment détruire sans altérer, amoindrir sans déformer? Là est la question.

La connaissance de la composition chimique de l'image va nous aider à la résoudre. Nous l'avons reconnu, l'image est formée d'un précipité d'argent, et sa valeur, comme ombre et comme lumière, résulte de son opacité. Partout où nous détruirons tout ou partie de l'opacité nous produirons de l'ombre ou nous atténuerons les lumières. Il ne s'agit pour y parvenir que d'absorber chimiquement tout ou partie de la couche métallique. Le moyen d'obtenir ce dernier résultat est bien simple.

On sait que l'iode forme avec l'argent un iodure d'argent soluble dans certains réactifs.

En soumettant aux émanations des vapeurs d'iode les parties du dessin que l'on veut amoindrir, on forme une couche d'iodure d'argent proportionnée à l'iode fourni ; on peut donc à volonté convertir en iodure une partie de l'épaisseur de l'image ; ceci fait, en passant rapidement le cliché dans un bain d'hyposulfite de soude, tout l'iodure est dissous sans qu'il y ait danger de dissoudre l'argent non converti en iodure. On peut renouveler cette opération autant de fois que cela est nécessaire pour atteindre le résultat cherché.

On comprendra qu'agissant avec des vapeurs qui ne se fixent qu'à la superficie de l'image, elle reste dans ses conditions constitutives avec amoindrissement seulement de la couche métallique aux endroits où, pour l'effet artistique à obtenir, on a jugé nécessaire d'en diminuer l'opacité.

L'épreuve ci-jointe est présentée comme spécimen des deux actions que nous venons de décrire. La lumière et l'ombre ont été produites à volonté sur la même image sans aucune intention artistique et dans le seul but de fournir une démonstration matérielle des faits annoncés.

V.

Nous n'avons jusqu'ici envisagé les applications de notre nouveau moyen d'éclairer les clichés photographiques qu'en vue des effets que le goût et le sentiment artistique peuvent en tirer. Nous devons en dire quelques mots à l'adresse des praticiens dont l'ambition se borne à tirer le meilleur résultat possible du cliché tel qu'il est donné par la chambre noire.

Pour eux, la question qui doit dominer toutes les autres, c'est d'obtenir l'épreuve la plus complète avec la pose la plus courte possible. Ici nous pourrions entrer dans des détails infinis sur la nature des iodures, leurs quantités relatives en dissolution dans le collodion, l'acidulation ou la neutralité des bains d'argent, toutes causes de retard ou d'accélération dans les effets photogéniques ; mais cela nous ferait sortir de notre sujet. Voyons seulement quel profit la photographie, telle qu'elle se pratique le plus généralement, peut tirer de l'application de notre mode de renforcement.

On sait que dans l'emploi des trois réducteurs en usage, les épreuves négatives les plus complètes comme fouillé, les plus fines comme modelé, les plus harmonieuses dans l'ensemble, sont celles qui sont produites à une douce lumière et révélées par le sulfate de fer, mais elles sont trop transparentes pour donner de bonnes épreuves positives. Les réductions qui constituent l'image, laissent tamiser trop facilement la lumière et tous les détails que le cliché accuse avec tant de délicatesse sont en grande partie perdus dans l'épreuve positive.

Pour tirer parti de ces sortes de clichés, il faut recourir à l'opération appelée remontage dans la pratique. Tous les procédés de remontage en usage, et ils sont nombreux, reposent sur le principe déjà signalé : une action galvanique précipitant sur les réductions qui constituent l'image une nouvelle couche de métal. Sauf le cas où ces réductions sont par trop faibles et peu définies, on obtient, par n'importe quel moyen, le renforcement de l'image ; mais voyons à quel prix.

D'abord, si, ce qui est le plus ordinaire, le sujet comporte des parties claires qui viennent rapidement à l'exposition, comme la tête, les mains, le linge dans le portrait; dans le paysage les monuments et le terrain comparés aux masses de verdure, les détails que présentent ces parties s'engloutissent dans l'opération du remontage, et pour quelques détails que l'on gagne dans les ombres, on perd des détails dans les lumières.

Mais là n'est pas tout le danger. Sous l'action galvanique qui se produit au moyen d'une dissolution métallique et d'un sel réducteur, la couche de collodion est amollie, elle se fronce, elle se fendille, et quelquefois dans les lavages que nécessite l'opération elle se soulève et se détache de la glace.

On s'expose donc toujours dans le remontage à perdre la finesse de l'épreuve, même à compromettre l'existence de son cliché.

Encore, s'il était possible de borner le remontage aux seuls endroits de l'image qui en ont besoin, mais les découpures, les auréoles qu'amènent les réserves au moyen desquelles on circonscrit son action, démontrent tout ce qu'il y a de défectueux dans les moyens connus jusqu'ici.

Nous n'insisterons pas sur les avantages que l'on trouvera dans la méthode de renforcement partiel que nous avons indiquée plus haut. Mais nous dirons à ceux qui, ne voulant rien changer aux effets de leurs clichés, désirent néanmoins leur donner plus d'éclat, qu'en appliquant notre moyen au remontage général de leur image, ils n'auront pas à craindre le ramollissement du collodion et les accidents qu'il entraîne. L'exposition prolongée à la lumière (une ou deux heures en été, des journées entières en hiver) à laquelle nous soumettons le cliché, amène un durcissement plus grand du collodion; de plus, nous opérons lentement à l'état sec et en plein jour, ce qui nous permet de suivre la marche de l'opération et de l'arrêter à temps. Nous ne sommes pas exposé à dépasser le but, ce qui n'est que trop ordinaire lorsqu'on procède à l'état mouillé et à la lumière artificielle.

APPENDICE.

De toutes les préparations employées pour obtenir les épreuves négatives, celle qui présente le plus d'avantages, c'est le collodion. Seulement, son usage à l'état humide nécessite un bagage si encombrant, que les efforts des photographes voyageurs se sont tournés vers l'utilisation du collodion sec qui n'a pas besoin d'être préparé sur les lieux et employé à l'instant même, comme le collodion humide.

Malheureusement, l'emploi du collodion sec n'est pas sans grande difficulté. On attribue à la nécessité où l'on est d'y introduire des corps étrangers, tels que la mélasse, pour ralentir l'action corrosive du nitrate d'argent sur le collodion, les perturbations nombreuses qui surviennent dans la suite des opérations et rendent souvent le résultat final peu satisfaisant.

Pour nous, nous estimons que c'est à l'existence de l'argent libre à la surface de la couche sensible, existence regardée à tort comme nécessaire à la formation de l'image, qu'il faut attribuer les altérations fréquentes qui désolent les opérateurs. Nous avons la certitude qu'en débarrassant de cet argent libre le collodion ioduré, nous ne lui enlevons pas ses propriétés photogéniques.

D'après ce principe, nous proposerons la méthode suivante pour opérer avec le collodion sec.

Le cliché de collodion étant préparé et sensibilisé comme à l'ordinaire, le traiter immédiatement par une dissolution de sulfate de fer, pour entraîner tout l'argent libre resté à la surface de la couche sensibilisée, laver complètement la plaque et la laisser sécher dans l'obscurité. Dans cet état, exposer de suite à la chambre noire ou ajourner l'exposition.

L'exposition terminée, on pourrait ajourner aussi la manifestation de l'image, mais, le moment venu de la développer, il faudra soumettre de nouveau le cliché au sulfate de fer et révéler ensuite l'image au moyen d'une légère dissolution de nitrate d'argent (trois pour cent).

On conçoit ce qu'un procédé si simple aurait de rationnel et de quelle commodité il serait en voyage. Nous nous proposons de vous en entretenir de nouveau lorsqu'une plus longue expérience sera venue confirmer nos essais.

Deuxième partie

MOYENS PRATIQUES. — MANIPULATIONS.

I.

ACTION DE LA LUMIÈRE.

Nous aurions voulu pouvoir retarder la publication de ce mémoire, pour perfectionner nos moyens d'exécution; mais l'ouverture prochaine de la campagne photographique et le désir d'échapper au reproche d'insuffisance d'indications qu'on pourrait nous faire si l'on n'obtenait pas les résultats qui doivent d'écouler de l'application de notre théorie, ne nous permettent pas d'attendre plus longtemps.

Nous avons dit qu'il était possible de continuer en dehors de la chambre noire l'action de la lumière sur l'image formée, de manière à donner à cette image plus d'intensité.

On conçoit qu'il résulte de la possibilité d'éclairer l'ensemble, celle de n'éclairer que certaines parties à son choix; il n'y a pour cela qu'à soustraire à l'action de la lumière celles que l'on veut conserver dans leur état primitif.

Comment obtenir ce résultat ? c'est ce que nous allons indiquer. Mais hâtons nous de dire que nous n'entendons pas donner ici un enseignement artistique. L'art ne saurait sortir de réactions et de manipulations chimiques; l'art sera le choix des effets, nous indiquerons comment on les obtient, non où il faut les produire.

Sacrifier des parties d'un sujet pour en faire ressortir d'autres avec une grande puissance d'effet en dehors d'un éclairage ordinaire, comme dans la peinture magique de Rembrandt, ou demander à la nature un éclairage vif et piquant, comme l'école espagnole, la photographie pourra désormais amener ces deux résultats avec les mêmes moyens matériels.

Disons d'abord que nous donnons une certaine préférence à telle nature de cliché sur telle autre. Ainsi les épreuves bien fouillées et d'une intensité moyenne, c'est-à-dire plutôt faibles que fortes, sont celles qui nous satisfont le mieux. En voici la raison : Leur intensité trop faible les fait rejeter dans la pratique, parce qu'au tirage elles donnent des épreuves trop foncées et sans éclat dans les lumières ; cette condition nous est très-favorable. Toutes les parties que nous voudrons conserver dans une obscurité relative, nous les demanderons à l'état primitif du cliché, c'est-à-dire que nous soustrairons ces parties à l'action de la lumière lorsque nous y soumettrons les autres.

Pour faire cette réserve, rien n'est plus simple. Avec un pinceau à miniature et de la couleur opaque broyée à l'huile ou au vernis nous dessinons aussi exactement que possible sur l'envers du cliché, c'est-à-dire sur le côté de la glace qui n'est pas couvert par le collodion, le contour des parties qu'il s'agit de soustraire à la lumière ; puis une fois le trait bien arrêté, ce qui est d'une extrême facilité puisque le cliché est transparent, nous couvrons ces parties par une couche de couleur opaque.

Dans cet état, nous exposons au soleil la face peinte de notre cliché.

Les rayons lumineux traversent les endroits qui ne sont pas couverts par la peinture et c'est sur eux seulement que vient s'exercer leur action colorante.

On conçoit qu'on puisse arriver ainsi à parfaitement définir les parties que l'on veut actionner et celles que l'on veut réserver.

On obtient une netteté suffisante presque sans aucune précaution, témoins les épreuves ci-jointes dont l'exposition a été faite contre la vitre d'une fenêtre. On aurait au reste une netteté aussi absolue que pourrait le donner la pointe d'un graveur, si l'on exposait l'épreuve sur un châssis mobile, se mouvant selon le méridien et basculant suivant l'élévation du soleil, pour que les rayons viennent toujours traverser perpendiculairement l'épaisseur de la glace.

La masse des grandes lumières étant obtenue, l'opération des réserves peut se continuer à volonté ; on vient alors couvrir de couleur toutes les parties qu'on estime suffisamment éclairées pour n'exposer de nouveau à la lumière que celles qui demandent à recevoir une action plus intense.

On voit qu'on peut ainsi varier à l'infini les effets lumineux, puisqu'on peut graduer à discrétion les intensités lumineuses.

Lorsque l'on croit avoir obtenu les effets cherchés, on enlève la couleur dont l'envers du cliché a été couvert, et il ne faut qu'une habitude ordinaire pour apprécier la valeur des lumières qui ont été ainsi produites.

Il va sans dire que si l'effet désiré n'est pas complètement atteint, rien n'est plus simple que de réexposer de nouveau à la lumière les parties qui demandent à être plus fortement impressionnées ; on rentre ici dans le travail du graveur qui caresse sa planche jusqu'à ce qu'il ait obtenu son effet.

II.

DE LA DÉSIODURATION.

Le travail de la lumière étant terminé, nous avons à notre disposition deux modes à suivre à notre choix et selon l'occurrence, pour procéder à la désioduration.

Si le cliché que l'on traite est fortement coloré et dans les valeurs d'intensité nécessaires pour donner au tirage des épreuves positives brillantes, il suffit, pour le désiodurer, de l'introduire dans un bain d'hyposulfite de soude. On suit de l'œil l'action du réactif qui, en dissolvant l'iodure, fait disparaître la

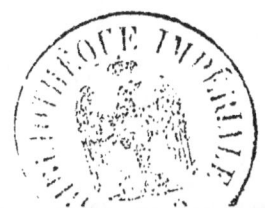

nuance nacrée de la couche de collodion qui devient alors entièrement claire et transparente.

Si, au contraire, soit faute de temps, soit faute d'avoir eu à sa disposition des rayons de soleil assez chauds pour agir avec une grande énergie, on estime que le cliché est resté dans des valeurs trop peu intenses, il faut le soumettre à l'action du chlorure d'or, selon la précieuse méthode indiquée par M. Fizeau pour les images daguerriennes sur plaqué d'argent.

Rappelons en deux mots cette méthode, pour éviter des recherches à ceux de nos lecteurs qui n'auraient pas pratiqué le daguéréotype.

Sur la plaque parfaitement calée sur un support à claire voie, on verse une dissolution de sel d'or de Fordos et Gelis (hyposulfite d'or et de soude) aussi épaisse que possible ; l'image ainsi couverte, on chauffe le dessous de la plaque en y promenant dans tous les sens une lampe à esprit de vin. Sous l'action de la chaleur l'or se précipite, et l'on voit l'image changer de coloration.

Nous remplaçons ici la plaque métallique de Daguerre par notre cliché sur verre, auquel nous faisons subir le même traitement ; de grise ou rousse qu'était l'image, nous la voyons prendre une teinte noire foncée vue par transparence, bronze vert vue au jour frisant.

L'opacité résultera naturellement de la quantité d'or précipité ; nous chauffons donc fortement pour avoir un précipité abondant, et nous employons une dissolution d'or très-riche 1 gramme pour 100 grammes d'eau).

Ce procédé, comme on le voit, constitue à lui seul un excellent mode de renforcement, car loin d'empâter les lumières et de voiler les ombres, comme il n'arrive que trop souvent par les remontages à bain d'argent, il donne aux lumières une grande fermeté sans leur ôter de leur limpidité, et, au lieu de voiler les ombres, il les nettoye, pour ainsi dire, par un commencement de dissolution de l'iodure d'argent du collodion.

Mais pour le cas tout spécial dont nous nous occupons, il a

une valeur plus précieuse que s'il ne s'agissait que d'un simple remontage, c'est de produire une action beaucoup plus énergique sur les points actionnés de nouveau par la lumière que sur ceux qui ont été réservés; aussi, dans notre pratique, sommes-nous presque toujours tenté de soumettre tous nos clichés au chlorurage d'or avant de procéder au désiodurage.

Après le refroidissement du chlorure d'or, l'excédant est recueilli pour servir de nouveau après addition de quelques centigrammes de chlorure destinés à maintenir la richesse de la dissolution ; le cliché est ensuite soumis à l'hyposulfite de soude [1] pour être désioduré, puis il est lavé à grande eau et séché.

III.

DES OMBRES.

Nous avons dit que lorsque nous avions à traiter un cliché pâle, mais bien fouillé, comme le donnent certains réducteurs et notamment le sulfate acide de fer, nous pouvions utiliser comme parties ombrées, pour l'effet général de l'image, les endroits du cliché que nous soustrayons à l'action nouvelle de la lumière. Il pourrait arriver que nous ayons par ce simple moyen des ombres suffisantes. Toutefois, si cela n'était pas et qu'il devint nécessaire pour l'effet, de sacrifier davantage certaines parties, voici la méthode à employer pour obtenir ce résultat :

Calquer à la vitre sur du papier placé sur l'envers du cliché le contour des parties qu'il s'agit de mettre dans l'ombre, découper ce profil dans un carton ou papier épais, de manière à ce que, ce carton étant appliqué sur l'épreuve, les parties à jour

---

1. — Il est probable que bientôt l'hyposulfite de soude sera banni de la photographie et remplacé par le sulfocyanure d'ammonium, lorsque celui-ci sera fabriqué en grand pour le commerce. Signalé par M. Meynier, chimiste à Saint-Barnabé, près Marseille, comme n'a bandonnant pas de soufre, ce sel ne présenterait pas, selon ce savant et les travaux récents de MM. Davanne et Gérard, « le danger de produire des composés sulfurants amenant peu à « peu l'altération des épreuves. » Nous regrettons de ne l'avoir pas eu à notre disposition en quantité suffisante pour le traitement des épreuves qui accompagnent ce mémoire.

laissent à découvert les endroits sur lesquels on doit agir et que les parties pleines recouvrent les endroits à réserver [1].

Préparer alors une cuvette que l'on place sur un plan bien horizontal, y étendre une couche d'iode, et renverser sur la cuvette le cliché recouvert de son écran; les vapeurs d'iode se portent sur les parties de l'image restées à découvert et forment avec le métal un iodure d'argent. La couche est d'autant plus épaisse que l'exposition est plus prolongée.

L'iodure d'argent etant soluble dans l'hyposulfite et ses analogues, il suffit d'y passer rapidement le cliché pour dissoudre tout l'iodure qui s'est formé.

On peut par ce moyen pousser les ombres aussi profondément qu'on le veut, puisqu'on arrive, s'il en est besoin, à la conversion en iodure de tout le métal.

Le degré où doit s'arrêter l'iodurage ne peut s'enseigner; c'est à l'expérience à le démontrer; mais l'opérateur arrivera facilement à le juger par la coloration que prend l'épreuve.

On comprend, du reste, qu'il est toujours prudent de demeurer en-dessous de l'effet, puisque l'on est toujours libre de recommencer l'opération, le cliché désioduré, lavé et séché pouvant être soumis à l'action de l'iode jusqu'à l'absorption complète de l'image.

Terminons par une observation qui n'est pas sans importance : c'est que l'iodurage présente moins de danger lorsque le cliché a été passé au chlorure d'or, comme nous l'indiquions tout à l'heure. La couche d'or qui recouvre l'argent ralentit l'action de l'iode et permet ainsi de la conduire plus sûrement au point où il est utile de l'arrêter.

1 On pourra se dispenser de calquer à la vitre le dessin du cliché, en tirant une épreuve positive, la collant sur carton et la découpant. On obtiendra ainsi une forme plus précise que celle que donnerait le calque.

Il faut avoir soin que la découpure du carton soit bien nette et la tranche exempte de bavures, pour ne pas amener sur les bords une accumulation d'iode.

www.ingramcontent.com/pod-product-compliance
Lightning Source LLC
Chambersburg PA
CBHW030113230526
45471CB00003B/1396